LEJOS

Lejos
© Celia Sanjuan, 2024
(@celiasc13)

© de la presente edición Libero Editorial, 2024
Colección dirigida por Inés Martínez García

Prohibida su reproducción total o parcial sin expreso consentimiento de
la autora (para el texto) y de Libero (para la presente edición).

ISBN: 978-84-126672-3-3
Imagen de cubierta: Erna Toepfer

Síguenos en:

facebook.com/LiberoEditorial
twitter.com/LiberoEditorial
instagram.com/Liberoeditorial

Impreso en España

Lejos

CELIA SANJUAN

Libero · editorial

A Sofía Sanjuan Marín,
en el templo libre de la memoria.

DESPEDIDA

AGUA

Entiendo por tus ojos que podrías decir
querría sujetarte siempre
y que para ello no vas a abrir los brazos
ni a atraerme hacia ti para envolverme,
sino a juntar tus manos formando un cuenco
porque es así como se sujeta el agua.

POEMA DEL NAVEGANTE

A veces, por las noches, te imagino
tejiendo y destejiendo un tapiz.
El frío agarrota tus dedos,
pero no eres un mártir.

A veces, por las noches, te imagino
tan humano
que el pánico a no ser buena
me despierta:
El tiempo es líquido y subjetivo
como una clase de poesía.

A veces, por las noches, imagino
que toco a las sirenas y las naves
que me apartan de ti.

Recuerdo palabras antiguas:
«Lloro porque deseo demasiado»
y siento que hay algo estúpido
en este dolor y en esta felicidad
de querer mirar a través de una ventana y descubrir
que el horizonte ya no es tan lejano,
pero tú no estás:

El deseo implica ausencia.
Llenar el vaso significa también,
en última instancia,
desbordarlo.

HUSO

Me agarro a la esperanza.
Contempla lo absurdo de esta hora
que dividirá nuestros días (los tuyos, los míos)
condicionada por una línea invisible.

Te envío esta promesa por *email*:
El tiempo no existe.
Y aún así, la certeza de un año
para enfrentarme a todo aquello que carece de cuerpo.

SOBRE LA MEMORIA

Algo que te transporte y te retenga dentro de mí,
que invoque a la energía de la metonimia.
Mariano Peyrou

I
Una poeta escribió en la roca:
«Seremos recordadas por esto».
Fue necesaria una superficie
para que su mensaje me llegara.
La materialidad, esta necesidad
para sobrevivir, me araña.

En la ausencia del cuerpo la memoria
mecerá nuestros huesos.

Grabo los nombres en la piedra.
Aún existe una esperanza para nuestro amor.

II
En la lucha por lo invisible, recolecto
pequeñas pistas sólidas.
Atrapo
en el objeto más cotidiano
una estrella fugaz.

III
Con los restos de mi cuerpo
confecciono una pulsera.
Un regalo
para que recuerdes
[[[para siempre]]]
mi lengua rozando tus labios
y mis ojos en tus ojos
clavados como agujas de coser.

CUANDO CORTE LA SOGA

Cuando me vaya
pero la cama siga caliente,
cuando oigas mi voz en otras bocas,
cuando todavía sientas mi olor
escríbeme como Cátulo a Lesbia,
besa los cuchillos con los que corto las sogas
solo porque han tocado mis dedos,
besa la soga rota en el suelo
solo porque arañó mi piel.

CUEVA

Abandonar deja un vacío,
un hueco en las manos,
un espacio cóncavo,
una cueva de tristeza en la palma:
Lo que más me duele de decirte adiós
es dejar de sentir la presión de tus dedos
contra los míos.

I
Te quiero como quiere una niña:
Sentada en el suelo, rodeada de revistas,
haciendo trucos de magia para mantener el amor.
(En plena luna llena
y con velitas encendidas,
quemando un papel con tu nombre escrito).

II
Dibujo conceptos en el aire.
De la tinta brillante, una imagen levitando.
La escritura y la brujería tienen puntos en común:
Como quien carga un talismán
yo colmo las palabras de estrellas.
¿Pero por qué esforzarse en el ritual?
Captar la magia es un proceso complicado.
Las brujas más jóvenes se iniciaban
por tentación amorosa.

Custodiar el amor me parece también
la mejor excusa para escribir.

LIMBO

EN NUESTRO ANIVERSARIO

Una fecha es algo muy preciso. Es una llave que abre
una puerta que conduce al bosque, al bosque
donde fuimos jóvenes y nos besamos.
Elena Garro.

Perhaps the hardest thing about losing a lover is to
watch the year repeat its days.
Anne Carson.

Volvemos
cuando la desesperación se escurre
entre nuestros huesos.

La nostalgia quiebra todas las reglas.
Silenciosos como gatos y panteras
observamos el paisaje.

En encuentros
pasados
regresas
a mí.

VIDEOLLAMADA

La frontera cae
como cascada y se abre:
Tu voz une dos pueblos tapizados de cemento.
Saber que existes
aún sin poder tocarte
despierta en mí una nueva espiritualidad.

NOS DESLIZAMOS

La diferencia horaria es cada vez más grande y de mí
quedara nada si vos no me atendés.
Edgardo Dobry

Nos deslizamos entre nubes que no pueden
conducirnos a ningún destino.
Nos deslizamos con los cuerpos cubiertos
de agua,
damos forma a la tinta derramada según
vaya
cayendo.

Nos deslizamos, bailamos descalzos
sobre un mapa de papel.

(Quiero abrazarte fuerte
como abraza la madre del migrante a su hijo,
que está perdiendo el acento).

ASÍ

Nos deslizamos por los túneles,
los huecos que deja la línea telefónica.
Ya conozco este lugar pero
nunca ha sido tan suave el recorrido.

CIUDAD

Cuánto cuánto te quise
justo en ese momento en el que me enseñabas
fotografías de cada rincón de tu casa,
en el que tu mente dibujaba los adjetivos
que yo asignaba a mi nueva habitación,
cuando pedías que la describiera
y nos quedábamos dormidos hablando por teléfono .

En nuestro sueño nuestras dos ciudades
se fusionaban
y nacía algo nuevo bajo el signo de géminis,
con tus lámparas en mi cocina, mis cucharillas
cubriendo el suelo de tu ducha.
Y en tu salón reposaba mi gran almohada de flores
como traída hasta allí por ángeles cantando.

DUERMEVELA

Beato in sogno et di languir contento,
d'abbracciar l'ombre et seguir l'aura estiva.
Petrarca

En estado de duermevela
tres veces te estrecho y tres veces
 desapareces
—como sombra o como
sueño que huye—.
Permíteme reposar aquí.
Renunciar al tacto
por la fantasía compartida.

REFUGIO

Mi casa es tu amor y,
sin embargo,
no es suficiente.
Tu casa es mi amor y,
sin embargo,
no basta.

¿Pueden, entonces, ser las palabras
nuestro refugio?

PALABRAS

Tus palabras revientan como burbujas a mi alrededor.
Polvo dorado
de Zeus:
atrevidas perseidas.
Esta conversación se posa en mi piel
y me cala honda hasta los huesos:
Me habitas ahora de una forma distinta.

Invento nuevas formas
para clavarte en mí:
Te siento como el movimiento de las olas
y cuando estás lejos,
te imagino
como el roce de las algas en mis muslos,
en el golpe del viento,
en el gusto de la sal.

ESCRIBO

La tinta que derraman los amantes
se solidifica:
pequeños montículos de piedra constituyen
los monumentos del amor.
Con mis poemas participo en la decoración
de nuestros jardines,
(con tus canciones participas en la decoración
de nuestros jardines).

Es importante fantasear.

Es importante poner por escrito una lengua así de frágil
para evitar que se pierda.

CRIPTA I

Es silenciosa esta cripta donde me tomas de la mano,
un periscopio nos muestra las púas de los peces,
más arriba el tiempo, la realidad
cruje de miedo, tiembla.
Se escucha una distorsión,
algo similar a frecuencias de radio.
Aquí abajo todo es cristal:
Un pasillo decorado con las letras de nuestras cartas,
una estantería de recuerdos.
Un vinilo que reproduce tu voz y la amplifica:
Un silencio de jade
hondo y acuoso.

LIMBO

Te tengo dentro de mí,
en algún lugar clavado en el iris.
Tu casa es este lago de barro,
las persianas de la habitación se cierran
cuando yo cierro los ojos.
Este amor es un lugar común,
un espacio ajeno a las fronteras.
Tú y yo ya no vivimos en ninguna ciudad
ni en ningún país.
Con cada palabra edificamos nuestro limbo.

LA ISLA

Tus poros se aparecen,
píxel a píxel,
ante mí…
Pero esto no es tu piel,
sino un juego de luz.

A SOLAS

Redefino la soledad:
Un mundo abierto,
un cuerpo abierto a todo,
milímetro a milímetro lo exploro,
lo acaricio.

Mis manos contienen todos los océanos,
pulsan, tientan,
y a solas
redefinen esta soledad.

HAMBRE

El hambre surge en el centro,
en este hueco de la piel cubierto de agua
nadan los hombres:
Balsa de cuerpos brillantes.
Aparecen naves, ninfas y hechiceras en la noche
cuando
acaricio mi cuerpo sola
en un nuevo país.

Es distinto ahora:
Esta magia no se puede matar.

SOBRE LA AMBICIÓN

She knew vessels, she knew water,
she knew mortal thirst.
Anne Carson

Siento culpa cuando te recuerdo:
Fiel, como los hombres de la montaña,
cuidas la tierra. Yo espero,
la lluvia y el deseo
encienden la chispa.
No hay tiempo para profundizar
en toda la belleza.
Desearía ser como tú.
Mantenerme siempre tan cerca de la satisfacción.

UNA MUJER QUE VIAJA ES
UNA MUJER QUE RENUNCIA

Abandonar es un placer doloroso.
En el alféizar de la ventana
contemplo el paisaje,
y pienso en ti.

Saboreo el pasado
y con la punta de la lengua
arranco el presente
a lo perdido.

TEMO TANTO

Temo tanto a la represión,
esta sanguijuela agarrada a mi costilla,
esta bifurcación en el camino.

Y a la imaginación la temo tanto,
a la terrible idea de no poder devorar
todo aquello que amo.

NANA DE LAS NIÑAS CAPRICHOSAS

Esta globalización no nos deja
ser
felices.
Es distinto ahora: Hemos visto
la fruta exótica en fotografías.
Somos conscientes de los estímulos, pero
no indiferentes a ellos.
Los sueños viven lejos, agazapados
bajo rocas extranjeras.
Desearlo todo es una
maldición.

MUJERES

Corazoncito navío, con un ancla en cada puerto.
Josefina de la Torre

Las mujeres que exploraron el mundo antes que yo.
¿Tuvieron amantes?
¿Fue sencillo mantener su amor?
¿Atracaron algún día, ya cansadas,
en el puerto de Ítaca?

Nado a contracorriente hacia un templo
que se desploma,
acaricio la pintura que se destiñe.
El presente tiembla
y es mi corazón
como el acantilado que sujeta
las cataratas.

VASOS ROTOS

Morimos de sed y las noches nos traen
terribles sueños de lugares con cascadas.

ACENTOS DE LIBERTAD

La libertad te espera, oye sus acentos.
Pedro Calderón de la Barca

¿Cuáles son las consecuencias de este paso?
Quedan ya para siempre las voces susurrando
que el corazón no tiene solo un hogar,
que debemos partir a buscar el siguiente.
Los acentos de la libertad no se diluyen,
hay que arrancarlos del pecho.
Crecen hacia la garganta como
enredaderas.

Nuestra ciudad sumergida
se extingue:
Quiebran los pasillos,
las estanterías,
los discos.
Y ahora que estoy sola
la superficie me parece también
tediosa y absurda.

Extraño la intimidad,
la cueva donde nos contábamos secretos.

EN LAS NOCHES OSCURAS

VAMOS TAPANDO LA GRIETA

Con cada mensaje que no entiendes,
cada noticia que olvidas,
me alejo de quien eres hoy.
Cuando discutimos compones canciones
sobre mejores tiempos y yo escribo poemas.
Es dolorosa la nostalgia pero vamos tapando la grieta.
Ya no logro llegar a ti.
Las palabras que abrían nuestro templo
se quiebran, vacías.

ÍTACAS

Ítaca te brindó tan hermoso viaje.
Sin ella no habrías emprendido el camino.
Kavafis

El dolor se alarga,
como un mapa rasgado:
Sujeto la herida,
trato de recomponer
la imagen:
Es necesaria una fuerza titánica,
mis músculos se tensan hasta sangrar.
¿Cómo explicar el miedo?
¿Cómo explicar el vacío?
Una ruta se convierte en un monstruo,
ya no sé qué desear.

TORMENTA

Atrapada en el centro del océano
el único recuerdo: tu cuerpo.
Lo ato a mi cintura, a mi pecho,
a mis muñecas.
Pienso en tus manos
antes de naufragar.

Como monstruo bicéfalo
me alcé
y separé mi carne de la tuya.
En mi rostro has visto
la parte oscura del mundo,
una terrible máscara deformada
por la ambición.
Lloro la pérdida del amor
y de mí misma,
descifro así una terrible profecía:
Quiero tanto y pierdo tanto
que soy, al mismo tiempo,
héroe y antagonista.

ELIXIR

And you'll never get away from the sound
of the woman that loves you.
Fleetwood Mac

I put a spell on you because you're mine.
Annie Lennox

Circe prepara el elixir:
Vierte sobre mi corazón su
alquitrán
y tiemblo.

Ahora estoy maldita,
condenada a
recordar.

¡Vierte sobre él
también este veneno!

¡Sobre sus ojos, sobre
sus labios
entreabiertos!

¡Que no me olvide, que
no rompa la promesa!

EMBRUJO

Ya no deseo nada que deseara antes.
Avanzo de espaldas,
a contracorriente.
Avanza tú también conmigo.
Deja que el mundo en la superficie tiemble.
Deja que mi embrujo te persiga.

MONUMENTOS

*Pero no hay más contexto que el palacio
del dolor el palacio de la memoria.*
Sara Torres

¿Es la exactitud del monumento lo que provoca
la hemorragia? Estoy quieta frente
a mis creaciones, las veo
sangrar.

Parecía sencillo olvidar, también oscuro.
¿Qué hacemos con las palabras rotas?
¿Cómo limpiamos su dolor?

LOS REYES DE LA CIUDAD TRISTE

Lo que no vemos morir todavía esperamos que vuelva.
Natalia Romero

Encuentras nuestros nombres
en la piedra
entre los restos del naufragio
y preguntas si lo recuerdo:
En la distancia las palabras,
tu canción, el mar, la línea telefónica,
sabiendo que lo recuerdo todo
porque no creo en el tiempo
y sin tiempo, la memoria es libre y viene y va
tropezando de vez en cuando con tu rostro,
que se nos cruza.

TAPIZ

Ante ti una mujer decidió amar el mar.
Ante ti se representa la ruptura.

Aquella noche las sirenas cantaron
entre las aguas temblorosas de la culpa.
Sonaban a oscuras confidencias
(su lengua es la lengua del deseo,
su sangre hermana a la mía).
Quise permanecer en aquellas rocas,
contemplar los mares
abiertos en un inmenso
signo de interrogación.

ÍNDICE

EN LAS NOCHES OSCURAS

Este libro se terminó de editar el 4 de marzo de 2024. En esta fecha recordamos el fallecimiento de la periodista mexicana, escritora y defensora de los derechos de las mujeres Adelina Zendejas (1909-1993).

En 1998 recibió el Premio Nacional de Periodismo.

«Una mujer nunca debe privarse ni del matrimonio ni de la maternidad, experiencias magníficas. [...] Yo sabía lo que es el amor, y también aprendí que la pasión puede ser solamente eso».